WITTOW
KAP ARKONA
Altenkirchen
Dranske
Wiek
Breege
WIEKER BODDEN
LIBBEN
BUG
BESSIN
BUGER BODDEN
VITTER BODDEN
BREEGER BODDEN
SCHAABE
LEBBINER BODDEN
LEBBIN
BREETZER BODDEN
LIDDOW
Glowe
Nationalpark
Jasmund
JASMUND
Sagard
Sassnitz
Neuenkirchen
GROSSER
JASMUNDER
BODDEN
SCHAPRODER BODDEN
Schaprode
UDARSER WIEK
Lietzow
Mukran
KLEINER JASMUNDER BODDEN
THIESSOW
SCHMALE HEIDE
PRORER
WIEK
UMMANZ
KOSELOWER SEE
Gingst
LIESCHOW
HEUWIESE
Bergen
Biosphärenreservat
Südost-Rügen
Binz
GRANITZ
Sellin
Baabe
Göhren
KUBITZER
BODDEN
LIEBITZ
Putbus
Lauterbach
STRESOWER BUCHT
HAVING
MÖNCHGUT
ALT REDDEVITZ
VILM
HAGENSCHE WIEK
Garz
Altefähr
RÜGISCHER BODDEN
GROSS ZICKER
KLEIN ZICKER
Thiessow
DRIGGE
DEVIN
STRELASUND
GLEWITZ
ZUDAR
Stahlbrode
GREIFSWALDER
BODDEN
RUDEN
SPANDOW-HAGENER WIEK
STRUCK
Gristow
RIEMS
KOOS
DÄNISCHE WIEK
Lubmin
Kröslin
Grimmen
Greifswald
Ziese

Rolf Reinicke

Boddenküste

HINSTORFF

Text, Fotos und Gestaltung:
Rolf Reinicke

Karte:
© Matthias Reinicke
(Lime-Design, Edmonton/Kanada)

Autor und Verlag danken dem
Deutschen Museum für Meereskunde
und Fischerei Stralsund
für die Unterstützung.

Inhalt

Die Deutsche Bibliothek - CIP-Einheitsaufnahme
Reinicke, Rolf:
Boddenküste / Rolf Reinicke. - 1. Aufl. - Rostock :
Hinstorff, 1996
ISBN 3-356-00679-7

NE: HST

1. Auflage 1996
Druck: Jütte Druck GmbH, Leipzig
Binden: Kunst- und Verlagsbuchbinderei GmbH,
Leipzig
Printed in Germany
ISBN 3-356-00679-7

Titelfoto:
Ginsterblüte auf der Halbinsel Devin bei Stralsund,
Blick über den Strelasund nach Rügen

Foto Seite 2:
Gelbes Ufer auf dem Zudar (Greifswalder Bodden)

Eine ungewöhnliche Küstenlandschaft

Hier säumen flaches Weideland und breite Schilfgürtel die Ufer. An anderer Stelle reichen blühende Rapsfelder bis an die niedrigen Lehmkliffs. Verträumte Fischerdörfer liegen an den Buchten, Boote mit rotbraunen Segeln ziehen über das Wasser ...
An der Küste Vorpommerns schiebt sich eine Kette stiller, buchtenreicher Gewässer zwischen die Inseln Rügen und Hiddensee sowie die große Halbinsel von Fischland-Darß-Zingst einerseits und das Festland andererseits – die Bodden. Durch sie entsteht eine nahezu einmalige Doppelküste, erhält diese Landschaft nahe der Ostsee ihr unverwechselbares Gepräge.
Bodden sind weder Meer noch Binnensee, sondern eine bemerkenswerte Besonderheit. Überall enthalten sie schwach salziges Wasser – auch wenn manche Bodden sehr an Binnenseen erinnern. Selbst die Vielzahl jener kleinen Gewässer, die mit „See" oder „Wiek" bezeichnet werden und von den großen Bodden weitgehend abgeschnürt sind, gehören dazu.
Die am vollkommensten ausgebildete Boddenküste gibt es im vorpommerschen Raum zwischen der Halbinsel Fischland im Westen und dem Südosten der Insel Rügen. Der westlichste Teil der Zingst-Darßer Boddenkette reicht zwar bis ins Mecklenburgische hinein. Und auch östlich von Rügen, im Gebiet der Inseln Usedom und Wollin, findet man ganz ähnliche Küstenformen – ja selbst das Gebiet der dänischen Inseln verfügt an zahlreichen Stellen über boddenartige Gewässer. Doch nirgendwo erscheint die Doppelküste so vielfältig und reich gegliedert wie in jener vorpommerschen Küstenregion.
Im Bewußtsein vieler Urlauber und Küstenbewohner treten die Boddengewässer und deren Ufer verständlicherweise weit hinter die einladenden Badestrände und die imposanten Kreidekliffs an der vorpommerschen Außenküste zurück. Denn vielerorts erscheint diese „Binnenküste" auf den ersten Blick als stille, wenig einladende, augenscheinlich kaum interessante Landschaft. Zudem sind, ganz anders als an den Außenstränden, die insgesamt rund 400 Kilometer langen Boddenufer auf manchen Strecken für den Wanderer nur schwer zugänglich. Dem aufmerksamen, geduldigen Betrachter jedoch erschließt sich hier im Laufe der Zeit jene überaus vielfältige Landschaft mit ihrer reichen Natur, die in diesem Buch vorgestellt wird.

Zeesboote auf dem Bodstedter Bodden

Wie die Bodden entstanden

Vor etwa 5000 Jahren bildeten die heutigen Bodden tiefe, weit ins Land greifende Buchten der Ostsee. In den zwei Jahrtausenden davor war der Meeresspiegel der Ostsee beständig angestiegen. Schon vor rund 7000 Jahren begann sie in alle niedrig gelegenen Areale einer zum Teil hügeligen, zum Teil fast ebenen Landschaft – in das heutige Küstengebiet – einzudringen. Diese damals überfluteten Landstriche besaßen große Ähnlichkeit mit den etwas höher gelegenen Gebieten, die man heute auf dem mecklenburgisch-vorpommerschen Festland findet – eiszeitlich geformten, flachwelligen bis hügeligen Landschaften.

Wie alle anderen Regionen des Ostseeraumes erhielt das vorpommersche Küstengebiet seine Oberflächenformen während der Eiszeit. Inlandeis und Schmelzwässer hinterließen hier Ablagerungen, welche heute die Basis der Landschaft bilden. Unter dem Eis entstand der fette, kalkig-tonige Geschiebemergel der Grundmoräne, in dem reichlich Gesteinsbrocken – Geschiebe – eingelagert sind. Nahe der Oberfläche ist er heute zu gelblich-braunem Geschiebelehm umgewandelt. Beim Niedertauen des Eises lagerten die wasserreichen Schmelzwasserströme in Tälern und Mulden feinkörnige Sande – Schmelzwassersande – ab. Überall an der Boddenküste trifft man daher heute auf eiszeitliche Lockergesteine, auf Mergel, Lehm oder Sand – unter der Mutterbodenschicht der Felder ebenso wie an den niedrigen Steilufern.

Nachdem die Gletschermassen vor etwa 12000 Jahren endgültig abgeschmolzen und die Schmelzwasserstöme versiegt waren, folgte eine fünf Jahrtausende währende Festlandszeit. Solange lag das Gebiet der heutigen Boddenlandschaft weitab von Meer und Küste. Erst danach gab es Anzeichen für ein Heranrücken des Meeres. Steigender Grundwasserspiegel führte an vielen Stellen zur Bildung von Mooren.

Vor rund 5000 Jahren zeichneten sich die groben Umrisse der heutigen Küste ab. Etwa vor 4000 Jahren erreichte der Meeresspiegel seinen heutigen Pegel. Im Gebiet von Fischland, Darß, Zingst und Hiddensee besaß die Küste zu jener Zeit kaum Ähnlichkeit mit der heutigen. Der damalige Außenstrand, gegen den die Wellen des Meeres brandeten, lag dort zum großen Teil auf der Linie der heutigen festlandseitigen Boddenufer. Vor dieser Küste war eine Inselkette entstanden. Die westlichste bildete die Moräneninsel des Fischlandes.

Nach Osten hin lagen die Inseln Altdarß, das vermutete „Prerow-Land", die flachen Inseln West-Zingst und Ost-Zingst. Flache Inseln gab es auch im Bereich des Gellen im südlichsten Teil Hiddensees sowie im Bereich der heutigen Fährinsel. Der markante Endmoränenzug des Dornbuschs überragte alle Inseln. Er war damals – wie auch das Fischland – mehr als doppelt so groß.

Das heutige Kerngebiet der Insel Rügen bildete schon damals das größte Eiland des ganzen Küstenabschnitts und war von einem Kranz von Inseln umgeben, die allesamt höher aus dem Meer ragten als die flachen Sandinseln im Gebiet von Darß und Zingst. Nördlich lagen Wittow und Jasmund isoliert als große Inseln, westlich davon Ummanz sowie einige kleinere Inseln. In der tiefen Bucht zwischen Jasmund und der damaligen Halbinsel Granitz brandete das Meer gegen die hohen Steilufer dreier kleiner Inseln – Pulitz, Thiessow, Buhlitz. Ein regelrechter Archipel lag im heutigen Gebiet von Mönchgut: Die Hügelzüge von Göhren/Alt Reddevitz, Lobbe, Groß Zicker, Klein Zicker und Thießow waren damals noch voneinander getrennt.

Alle diese Inseln bildeten als feste Kerne die Fundamente und Eckpfeiler der heutigen Außenküste – daher erhielten sie die Bezeichnung Inselkerne. Überall an diesen Inselkernen entstanden bereits mit dem Vordringen des Meeres Steilufer, an denen die See nun beständig arbeitete. Die niedrigen Kliffs der nur aus Sanden aufgebauten Inseln im Westteil des Gebietes boten dabei kaum nennenswerten Widerstand. Bei einem einzigen Sturmhochwasser wich dort die Küste um dutzende Meter zurück.

An den Moränenkliffs der Inselkerne von Fischland, Dornbusch, Wittow, Jasmund und der zahlreichen anderen rügenschen Inselkerne hatte das anstürmende Wasser dagegen kein so leichtes Spiel. Doch Regen, Frost und Wind zermürbten auch diese stabileren Steilufer, so daß es zu Abbrüchen kam. Zwar wichen solche Kliffs längst nicht so schnell zurück wie die aus lockerem Sand, doch da sie viel höher waren, gelangten auch von ihnen aus enorme Mengen von Lockermaterial ins Meer.

Auf diese Weise versorgte sich das Meer beständig mit Sand- und Kiesmassen, die es parallel zum Ufer transportierte und an anderen Stellen wieder ablagerte. Mit diesem Baumaterial schüttete es Strandwälle auf, errichtete Sandhaken und Nehrungen. Im Laufe von rund 4000 Jahren wurde also beim Küstenausgleich nicht nur die Außenküste geglättet, sondern durch Nehrungen – wie durch natürliche Dämme – wurden auch vorgelagerte Inseln (Inselkerne) miteinander verbunden und dadurch Buchten abgeschnürt. So entstanden die Bodden.

Das heutige Bild der vorpommerschen Küste ist eine Momentaufnahme, denn das Wasser hat seine Arbeit noch nicht beendet. Zwar sind viele der Boddenufer längst zur Ruhe gekommen, doch an den Außenstränden und an manchen exponierten Stellen der Boddenufer laufen die Ausgleichprozesse unvermindert weiter – das Wasser trägt ab und schüttet auf, langsam aber stetig.

Vielfalt der Boddenufer

An den Boddenufern wechseln Steilküste und Flachküste in ganz ähnlicher Weise wie am Ostseeufer. Trotzdem vermittelt hier die Landschaft ein ganz anderes Bild – sie besitzt ganz andere Dimensionen: An der Boddenküste sind die Formenelemente wesentlich kleiner und grazi-ler. Während die Ostsee durch Abtragung und Anlandung eine geglättete äußere Küstenline mit kilometerlangen Kliffs und weiten Sandstränden schuf, zeigen sich die Boddenufer insgesamt abwechslungsreicher und durch zahlreiche Buchten, Halbinseln und Inseln viel reicher gegliedert. Wind und Wellen konnten ihre uferformenden Kräfte nur gering entfalten. So gab es zwar auch hier einen Küstenausgleich, doch blieben die dadurch verursachten Veränderungen in ihren Ausmaßen weit hinter denen der Außenküste zurück. Neben der Vielfalt der Oberflächenformen bestimmt der vielfältige Bewuchs ihrer Ufer den landschaftlichen Reichtum und Reiz der Boddenküste.

Über die Hälfte der Boddensäume sind Steilufer. Die meisten davon sind nur wenige Meter hoch und wurden bereits in jener Zeit angelegt, als die Ostsee in das heutige Küstengebiet eindrang. Heute bilden die aktiven, zeitweise noch im Abbruch befindlichen Kliffs den geringeren Teil der Steilufer. Während sie an der Darß-Zingster Boddenkette nur auf einen kleinen Uferbereich bei Saal beschränkt sind, besitzen Greifswalder Bodden, Großer Jasmunder Bodden und Strelasund mehrere derartige Uferstrecken. Das Bild dieser aktiven Steilufer wird von den Ablagerungen bestimmt, aus denen sie bestehen. Der bei Trockenheit steinharte Geschiebelehm der Grundmoräne bildet oft senkrechte, manchmal sogar überhängende Kliffs wie diejenigen am Reddevitzer Höft oder jene südlich von Klein Zicker auf Mönchgut. Der Wellenschlag kann hier auch bei Sturm kaum etwas abtragen. Erst durch die winterliche Durchfeuchtung des Lehmes und das Eindringen des Frostes wird das Kliff zermürbt – es kommt zu Abbrüchen und Rutschungen. Das abgebrochene, gelockerte Material wird meist schon während der Frühlingsstürme vom Wasser aufgearbeitet und weggetragen. Nur grobe Bestandteile bleiben zurück. Sandige Steilufer setzen dagegen den Wellen nur wenig Widerstand entgegen – sobald der Sand am Fuße des Steilufers weggespült wird, rutscht von oben neuer nach.

Die meisten der aktiven Steilufer werden von sandigen, stark mit Kies und Geröll durchsetzten Stränden gesäumt. Steinfreier Sandstrand – „Badestrand" wie der östlich von Lubmin – ist dort ebenso selten wie reiner Geröllstrand – so wie jener vor dem Gelben Ufer bei Neu Reddevitz. Hier und da liegen große Geschiebe – die „Findlinge" – vor den Boddenkliffs: die größten, bis zu 40 Tonnen schweren am Zickerschen Höft und am Ende der Halbinsel Thiessow im Kleinen Jasmunder Bodden.

Da die Abtragung nicht pausenlos wirkt, können sowohl die Steilufer als auch die davor liegenden Strände zwischenzeitlich bewachsen. Während Huflattich und Trichterwinde als „Pionierpflanzen" schnell den fetten Lehm besiedeln, blühen der anspruchslose Mauerpfeffer und die prächtigen Nachtkerzen zuerst an den sandigen Hängen. Charakteristische „Salzpflanzen" wie Milchkraut und Salzmiere bilden alsbald zwischen dem Strandgeröll kleine Polster. An anderen Stellen beginnen Schilf oder Strandroggen zu sprießen. Am Greifswalder Bodden erfreuen den Strandwanderer besonders die violetten Blüten des sich rasch ansiedelnden meterhohen Tartarenlattichs.

Bleiben die Steilufer jahrzehntelang oder sogar völlig von der Abtragung verschont, werden sie zu inaktiven, sogenannten „fossilen" Kliffs – sie bewachsen auf Dauer.

Kormoraninsel Tollow in der Maltziener Wiek auf dem Zudar

Bald siedeln sich Gehölze an, meist dorniges Strauchwerk aus Schlehe, Hundsrose, Weiß- und Sanddorn, dazwischen einzelne knorrige Wildobstbäume wie Holzapfel und -birne oder Vogelkirsche. Die blühenden Gehölzdickichte verleihen im Frühjahr den Uferhängen einen ganz besonderen Reiz und verstärken den Kontrast zu den noch aktiven Kliffs.

An den höheren, nicht mehr aktiven Kliffs der nord- und ostrügenschen Endmoränenhügel entwickelten sich über lange Zeiträume charakteristische Hangwälder, in denen Buchen, Eschen und Kiefern vorherrschen. Da diese Hänge nicht „kultiviert" werden konnten, wurden sie vom Menschen kaum beachtet und vermitteln heute einen sehr ursprünglichen Eindruck. Hier entdeckt man zahlreiche alte Bäume von besonders knorrigem Wuchs, Haselsträucher bilden dichtes Unterholz, die Lianen von Waldgeißblatt und Efeu ranken bis in die Baumkronen. An machen Stellen bedecken Frühblüher den Boden, am feuchten Hangfuß wachsen alte Weiden.

Auf dem einstigen Strand vor den bewachsenen, ganz unterschiedlich hohen Uferhängen findet man heute einen dichten Röhrichtgürtel. Er erstreckt sich als kaum unterbrochener Verlandungssaum längs der nicht mehr aktiven Steilufer. Dieses Erscheinungsbild ist charakteristisch für weite Bereiche der festlandseitigen Ufer der Darß-Zingster-Boddenkette, für Westrügen, die nordrügenschen Boddenufer, den Strelasund und die Südufer des Greifswalder Boddens. In kleinen Buchten und dort, wo der Bodden einst im flachen Wasser vor den Hängen noch Sand oder Kies aufgeschüttet hatte, sind hohe, undurchdringliche Schilfwälder entstanden. Sie werden nur bei der winterlichen Schilfrohrmahd vom Menschen betreten. Im Sommer entdeckt man bei genauerem Hinsehen, daß zwischen dem Schilfröhricht in Ufernähe zahlreiche hohe Stauden wachsen und blühen wie Weidenröschen, Wasserdost und Strandastern.

Der kleinere Teil der heutigen Boddenküste ist flach. Hier werden die Ufer zumeist von feuchten Niederungen oder von den Seesandebenen der Binnenseite jener großen Haken und Nehrungen gebildet, welche die Bodden abschnüren. Sandstrände und Dünen, wie sie an den Außenstränden charakteristisch sind, gibt es an der flachen Boddenküste nur ausnahmsweise. Denn nur vereinzelt führt die heutige Dynamik der Boddenufer – Abtragung der Steilufer, uferparalleler Materialtransport, Anlandung an der Flachküste – noch zur Entstehung neuer sandiger Aufschüttungen. Dazu gehören einige kleine, modellartige Sandhaken: der Vogelhaken in der Glewitzer Wiek, der Gobbiner Haken in der Having sowie die Haken am Großen und Kleinen Zicker und am Großen Vilm. Am Palmer Ort, einem Strandwallsystem auf der Halbinsel Zudar, findet man ein kleines Areal bewachsener Dünen. Ein bescheidenes Dünengebiet gibt es auch auf der Insel Vilm. Die vielen anderen Aufschüttungen der Bodden, die Sandhaken, Höftländer, Uferwiesen und Strandwälle vor den Niederungen, sind längst bewachsen und nur noch an ihrer Form erkennbar.

Ähnliche Röhrichtsäume wie vor den Steilufern der Boddenküste entwickelten sich an ihren flachen Ufern. Auch hier entstand ein Verlandungsgürtel, an dem die Schilfdickichte stellenweise großflächiger sind und manchmal kleine offene Wasserfächen einschließen. Eine Besonderheit stellen die vorgelagerten, als „Bülten" bezeichneten Schilfinseln dar, die man auf ganz flachen Stellen im westlichen Teil der Darß-Zingster-Boddenkette findet.

In weiten Bereichen der feuchten Niederungen und der verlandenden Ufer konnte sich aber keine solche Röhrichtzone herausbilden, da diese Areale immer beweidet wurden. Dort entwickelten sich über die Jahrhunderte hinweg die charakteristischen Salzweiden. Unter dem beständigen Tritt und Biß des Weideviehs entstand ein Biotop, das – bei Hochwasser überflutet, von Prielen durchzogen und mit charakteristischen „Salzpflanzen" wie Meerstranddreizack, Salzbinse, Milchkraut, Schuppenmiere und Strandwegerich bewachsen – ein besonders typisches Landschaftselement der Boddenküste darstellt.

Die meisten dieser torfigen Salzweideflächen sind heute allerdings eingedeicht und von einem System von Gräben und Vorflutern durchzogen. Schöpfwerke senken den Grundwasserspiegel hinter den Boddendeichen teilweise unter das Niveau der Bodden. Viele Flächen wurden umgepflügt, man hat „Kulturgräser" eingesät und kräftig gedüngt. Damit ging der ursprüngliche Charakter jener einst von Salzweiden geprägten vorpommerschen Boddenlandschaft gebietsweise verloren. Insgesamt hat der Mensch die flachen Boddenufer, besonders in den vergangenen vier Jahrzehnten, viel stärker verändert als alle übrigen Uferbereiche. Nur an schmalen Säumen außerhalb der Deiche und auf einigen Boddeninseln blieben kleine Restflächen ursprünglicher Salzweiden erhalten. Die wohl eindrucksvollsten Relikte liegen im Barther Bodden auf der Insel Kirr. Dort vermitteln kurzrasige Weiden, verschlungene Wiesenpriele, zeitweise austrocknende Tümpel und abbrechende Wiesenkanten noch heute jenes Bild, das einst charakteristisch war für weite Teile der Boddenufer. Doch auch diese Reste bedürfen einer ständigen Beweidung. Wenn sie unterbleibt, werden die Salzweiden innerhalb weniger Jahre vom Schilf erobert.

Schiffe im Eis des Greifswalder Boddens

Das Wasser der Bodden

Die Ostsee ist ein Brackwassermeer. Sie besitzt nur schmale Verbindungen zum Weltmeer und erhält durch Flüsse und Niederschläge viel Süßwasser. Deshalb liegt ihr Salzgehalt weit unter den 3,6 Prozent der Ozeane. Auch das Boddenwasser ist salzig – das kann jeder schmecken. Es enthält aber noch weniger Salz als die vorgelagerte Ostsee. Deren Salzgehalt beträgt, jahreszeitlich schwankend, etwa 0,8 bis 1,2 Prozent. In großen Teilen der west- und nordrügenschen Bodden sowie im Greifswalder Bodden liegt er zwischen 0,6 und 0,9 Prozent. Wo Süßwasserzuflüsse in die Bodden gelangen, kann er unter 0,3 Prozent sinken, so im Saaler Bodden oder im Kleinen Jasmunder Bodden auf 0,25 Prozent.
Weil die Bodden nur eine geringe Tiefe besitzen, ist das Volumen ihres Wasserkörpers im Vergleich zur Fläche recht klein. Deshalb hat der beständige Nährstoffeintrag vom Festland durch Landwirtschaft und kommunale Abwässer eine äußerst nachhaltige Wirkung. So zählen Darß-Zingster-Boddenkette und Kleiner Jasmunder Bodden zu den in dieser Hinsicht besonders belasteten Gewässern. Die intensive Nährstoffzufuhr verursacht in allen Boddengewässern eine starke Planktonvermehrung. Die Bodden enthalten im Vergleich zur nahen Ostsee vielfach mehr als das Hundertfache an Biomasse. So zeigt sich das Boddenwasser bei nur wenig abweichendem Salzgehalt völlig anders als das der Ostsee – es ist wesentlich nährstoffreicher, enthält viel mehr Plankton und ist dadurch viel trüber. Zur Zeit der sommerlichen Algenblüte wird es zur regelrechten „Planktonsuppe".
Das geringe Wasservolumen der Bodden wirkt sich auch auf deren Wassertemperatur aus. Während der große Wasserkörper der Ostsee den jahreszeitlichen Temperaturlauf stark ausgleicht, erwärmen sich die Bodden wesentlich schneller – kühlen sich allerdings auch viel rascher wieder ab. Das bemerken beispielsweise die Vorsaison-Urlauber, die im Juni möglicherweise nur 15 Grad Wassertemperatur an der Außenküste vorfinden, während sich die Bodden zur gleichen Zeit bereits auf 18 Grad erwärmt haben und damit schon früher zum Bade laden. Sie bleiben den ganzen Sommer über wärmer als das Meer, kühlen sich aber im Herbst recht schnell ab. Im Winter reichen bereits einige windstille Frostnächte zur Herausbildung einer geschlossenen Eisdecke. Oft setzt die Eisbildung bereits im Dezember ein. Manchmal erreicht das Eis eine Dicke von mehr als 40 Zentimetern und ist dann auf großen Flächen gefahrlos zu begehen, stellenweise auch zu befahren.
Dann wandern Einheimische und Wintergäste gern über die Bodden, so von Rügen nach Hiddensee. Die Fischer ziehen ihre Stellnetze unters Eis und fangen reichlich Hecht und Zander. Durch Eis kann es zu erheblicher Beeinträchtigung der Schiffahrt auf den Bodden kommen. In weiten Teilen ruht dann der Schiffsverkehr.
Nur die Zufahrt zum Stralsunder Hafen durch Greifswalder Bodden und Strelasund sowie die Verbindung von Rügen nach Hiddensee hält man durch massiven Eisbrechereinsatz offen. Bei Sturm wird aufbrechendes Eis zu Packeis zusammengeschoben. Dann türmen sich die Schollen an manchen Stellen der Boddenküste viele Meter hoch.

Besonders imposante „Eisberge“ liegen dann vor den Höften auf Mönchgut. Nach strengen Wintern taut das letzte Eis manchmal erst im April – wie im Jahre 1987. Doch längst nicht in jedem Jahr vereisen die Bodden. In vielen Wintern bleibt ihre Eisbedeckung gering, in manchen sind sie eisfrei.

Das Wetter der Boddenlandschaft unterscheidet sich kaum von jenem der Außenküste. Auch hier wehen die Winde zur reichlichen Hälfte aus West oder Südwest – und das nicht nur sanft. Stürme peitschen im Winterhalbjahr die Bodden und lassen die Wellen ab und zu mit ungeahnter Heftigkeit gegen deren Ufer schlagen. Dann arbeitet das Wasser an den aktiven Steilufern.

Die bei Wassersportlern und Anglern überaus beliebten Boddengewässer können gefährlicher sein, als sie zunächst erscheinen. Manchmal frischt der Wind auch im Sommer unerwartet auf und schickt innerhalb weniger Minuten heftige Sturmböen. Einige Bodden, besonders der Grabow, sind gefürchtet wegen ihrer kurzen Wellen, die kleinere Boot zum Kentern bringen können und immer wieder Opfer fordern.

Dem aufmerksamen Beobachter wird nicht entgehen, daß sich der Wasserstand der Bodden ständig ändert. Die Pegelschwankungen entsprechen denen der Ostsee. Diese zeigt als kleines Nebenmeer keine periodischen Gezeiten mit Ebbe und Flut, dafür aber häufig unregelmäßige, durch Wind verursachte Schwankungen. Staut der Nordost das Wasser in der westlichen Ostsee, gibt es Hochwasser. Westliche Winde drücken das Ostseewasser von hier nach Nordosten und führen zu Niedrigwasser. Oft schwappt der gesamte Wasserkörper der Ostsee langsam hin und her. Diese Phänomene sind auch in den mit ihr verbundenen Bodden zu beobachten. Hier können sie in manchen Buchten durch Trichterwirkung verstärkt, in den abgeschiedenen Teilen der Bodden aber durch die nur schmalen Verbindungen vermindert werden. Der Boddenpegel erreicht mitunter sogar mehrmals im Jahr fast ein Meter über Normal.

Bestimmte Großwetterlagen lassen das Wasser höher steigen und zum Sturmhochwasser werden. Beim katastrophalen Sturmhochwasser im November 1872 erreichte der Pegel in Barth und Barhöft 2,92 m in Greifswald-Wieck 2,64 m und in Stralsund 2,39 m über Normal.

Am 3./4. November 1995 wurden auf Mönchgut 2,10 m über Normal gemessen. Heute gibt es an der hier beschriebenen Boddenküste insgesamt über 100 Kilometer Hochwasserschutzdeiche. Sie sind in den einzelnen Abschnitten so bemessen, daß das Hinterland mit den Ortschaften auch bei den höchsten für möglich gehaltenen Wasserständen weitgehend geschützt bleibt. Die Höhe der Boddendeiche schwankt zwischen 1,65 m bei Dierhagen und 3 m vor Greifswald-Wieck. Ein Teil der Boddenufer, so auch der gesamte Röhrichtgürtel, liegt außerhalb der Deiche und wird bei Sturmhochwasser überflutet.

Bei Sturmniedrigwasser („Windebbe“) fallen nicht nur breite Ufersäume, sondern auch einige größere, besonders flache Bereiche der Bodden trocken – so Gellenschaar und Bessinsche Schaar in den westrügenschen Bodden, Teile des Kubitzer Boddens, das Windwatt zwischen Meer und Bodden östlich Pramort sowie eine Flachwasserzone nördlich der Halbinsel Zudar.

Zum Trocknen aufgestellte Kammerreuse („Kummreuse“)

Vom Leben in und an den Bodden

Im Brackwasser der Bodden lebt es sicht nicht leicht – für einen großen Teil der Süßwassertiere ist es zu salzig. Die meisten Salzwassertiere haben Probleme, wenn der Salzgehalt des Wassers unter 0,8 Prozent sinkt. Deshalb weisen die Boddengewässer die vergleichsweise geringste Zahl von Tierarten auf. Um so günstigere Bedingungen finden jene, die sich den ungewöhnlichen Lebensbedingungen anpassen konnten. Deshalb sind diese wenigen Arten oft in großer Individuenzahl vertreten. Die Bodden sind also reich besiedelt. In den nährstoffreichen Gewässern kommt es zur Massenvermehrung von pflanzlichem wie tierischem Plankton sowie von niederen Tieren, beispielsweise von winzigen Krebsen. So finden Fische wie Stichling, Plötze und Hering reichlich Nahrung. Sie wiederum bilden die Nahrungsgrundlage für Barsch, Hecht und Zander.

Der Reichtum am Plankton macht die Bodden auch zur idealen Kinderstube für Jungfische. Deshalb ziehen regelmäßig im zeitigen Frühjahr gewaltige Heringsschwärme aus der Ostsee hierher, um zu laichen. Von diesem „Frühjahrslaichhering" fängt man in manchen Jahren etwa 8000 Tonnen allein im Greifswalder Bodden. Auch der Hornhecht kommt zum Laichen in diese Gewässer. Auf sandigen Boddengründen leben Flundern, recht zahlreich ist auch der Aal. Und nicht selten wandern Lachse und Meerforellen durch die Bodden.

Am Spülsaum der Ufer häufen sich manchmal Massen von Blasentang und Seegras, die den Bodenbewuchs der meisten Bodden bilden. Außerdem findet man dort Schalen von Herzmuscheln und Sandklaffmuscheln, die auf Grund des geringen Salzgehaltes viel kleiner sind als an der Außenküste. Für die salzärmeren Boddengewässer sind Armleuchteralgen und Tausendblatt, Dreiecksmuschel und eine winzige gelbliche Napfschnecke charakteristisch.

An den Ufern der Bodden dominiert verständlicherweise jene Vogelwelt, die ihre Nahrung in den Bodden findet – hier brüten Graureiher und Höckerschwäne, Stockenten und zahlreiche Möwen. Kormorane nisten in großen Kolonien in Niederhof am Strelasund und auf der Insel Tollow in der Maltziener Wiek (Zudar). Auf den Salzweiden der Vogelschutzinseln Barther Oie und Kirr, Heuwiese und Liebitz, Fährinsel und Beuchel brüten neben Lach-, Sturm- und Silbermöwe zahlreiche seltene Küstenvogelarten, darunter verschiedene Seeschwalben, Austernfischer und Säbelschnäbler, Rotschenkel und Kampfläufer, Brandgans und Mittelsäger. Als spektakulärer Vogel der Boddenküste hat der in den ufernahen Wäldern brütende Seeadler besonders weiträumige Jagdreviere.

Auch zahlreiche Singvögel finden in Ufergehölzen und im Röhrichtgürtel ihre Brutplätze. Aus den Weißdorn- und Schlehdorndickichten tönt im Frühsommer der betörende Gesang des Sprossers, der „pommerschen Nachtigall". In die sandigen Steilufer graben Uferschwalben ihre Brutröhren.

Im Frühling, besonders aber im Herbst vervielfacht sich die Zahl der Vögel an der Boddenküste – zu den einheimischen kommen jene, die hier rasten. Keile ziehender Kraniche und Gänse bestimmen dann das Bild der Landschaft. Die Flachwasserzonen der westlichen Boddengebiete sind die bevorzugten Schlafplätze der Kraniche. Von Ende August bis Anfang Dezember schlafen zeitweise bis zu 30000 Kraniche allein zwischen Pramort und der Insel Bock. Auch Koselower See und Udarser Wiek werden gern aufgesucht. Im flachen Wasser stehend, finden sie hier die nötige Sicherheit vor Feinden. Der abendliche Anflug der Kraniche zu ihren Schlafplätzen ist ein besonders spektakuläres Naturschauspiel an der Boddenküste. Weithin sind dann die melodischen Trompetenrufe dieser schönen Vögel zu hören. Noch größer ist die Zahl der hier rastenden Gänse. Am Greifswalder Bodden halten sich zeitweise über 100000 von ihnen auf – es sind Grau-, Bleß-, Saat-, Kanada-, Ringel- und Weißwangengänse. Tagsüber fliegen Kraniche wie Gänse zur Futtersuche auf die Felder der Insel Rügen und des benachbarten Festlandes.

Auch tausende von Kiebitzen, Knutts und anderen Schnepfenvögeln, zahllose nordische Tauch- und Schwimmenten, Zwerg-, Mittel- und Gänsesäger rasten hier. In milden Wintern bleiben viele von ihnen an der Boddenküste, die insgesamt zu den wichtigsten europäischen Vogelrastgebieten zählt.

Wie vielfältig das Leben an der Boddenküste sein kann wird jedem Betrachter klar, der hier durchaus beobachten kann, wie auf den Wiesen hinter dem Boddendeich eine Herde von Rindern grast, ganz in der Nähe einige Rehe äsen und dazwischen eine Schar Graugänse weidet – während auf dem Bodden vor dem Deich Höckerschwäne gründeln, womöglich gar eine Kegelrobbe neugierig den Kopf aus dem Wasser streckt und hoch über dieser Szene der Seeadler seine Kreise zieht.

Zwischen Saaler und Greifswalder Bodden

Darß-Zingster Boddenkette

Als Kette aneinandergereihter, durch schmale Abschnürungen voneinander getrennter Gewässer bildet sie den westlichen Teil der Boddenküste. Sie wird im Süden vom Festland, im Westen und Norden von jener großen Halbinsel eingerahmt, die Fischland, Darß und Zingst zusammen bilden. Die Darß-Zingster Boddenkette gehört zu den flachsten Bodden, denn ihre mittlere Tiefe beträgt nur wenig über zwei Meter. Der **Saaler Bodden** (Fläche 81 km^2) liegt in ihrem innersten Teil. Dessen südlichster Zipfel, der *Ribnitzer See*, ist ein „ertrunkener" Teil des Recknitztales, des hier mündenden Grenzflußes zwischen Mecklenburg und Vorpommern.
Nach Westen hin ist der Saaler Bodden vom offenen Meer durch den Inselkern des Hohen Fischlandes und eine flache, schmale Nehrung, die dieses mit dem südwestlich gelegenen Festland verbindet, abgetrennt. Unmittelbar südlich der Ortschaft Wustrow auf dem Fischland liegt die schmalste Stelle dieses Landstreifens. Hier wird der *Permin*, eine kleine Boddenbucht, nur durch Straße, Deich, Düne und Strand von der Ostsee getrennt. Der Permin ist ein altes Seegatt, eine einst schiffbare Verbindung zwischen Meer und Bodden. Diese Situation erkennt besonders jener Beobachter, der vom Wustrower Kirchturm aus die beeindruckende Aussicht über Meer und Bodden genießt.
Der **Koppelstrom** (7,5 km^2) verbindet Saaler Bodden und Bodstedter Bodden. Ausgedehnte, nahezu unberührte Schilfinseln – die *Bülten* – liegen an seinem westlichen und östlichen Rand: Borner Bülten, Neuendorfer Bülten und Jägerbülten. Breite Schilfgürtel säumen seine flachen Ufer auf weite Strecken. Auf der Boddenseite der Deiche vermitteln die Ufer vielerorts noch das ursprüngliche Bild einer flachen Boddenküste.
Auch der **Bodstedter Bodden** (24 km^2) besaß durch den Prerowstrom einst eine Verbindung zum offenen Meer. Heute windet sich das flußartige Gewässer durch die ausgedehnten Salzweiden zwischen Darß und Zingst. Ebenso wie beim Permin wurde auch die Mündung des Prerowstromes in das Meer vom Menschen zugeschüttet. An seiner Einmündung in den Bodstedter Bodden liegen die Schilfinseln der Schmidt-Bülten.
Die *Meinigen* bildet die schmalste Stelle der Boddenkette, an der sich das Gewässer auf wenige Dutzend Meter verengt. Durch diese Einengung erfolgt der Wasseraustausch zwischen dem westlichen und dem östlichen Teil der Boddenkette. Die Meinigenbrücke schafft eine Verbindung vom Festland zur Halbinsel Zingst. Von ihr aus hat man nicht nur einen besonders schönen Blick auf die Boddenküste. Oft kann man von der Brücke aus beobachten, wie das Wasser bei Pegelschwankungen mit erheblicher Geschwindigkeit durch die Engstelle strömt. Östlich der Meinigen, unmittelbar südlich des Ostseebades Zingst, liegen *Fitt* und *Zingster Strom*. Sie umfließen die flachen Wieseninseln Kirr und Barther Oie, ein bekanntes Küstenvogelschutzgebiet.
Barther Bodden (23 km^2) und **Grabow** (42 km^2) bilden zusammen die weitaus größte Wasserfläche im Osten der Boddenkette. An der Mündung von Barthe (Barther Strom), Zipker Bach und Uhlenbäk sowie bei Günz/Buschenhagen gibt es ausgedehnte, heute weitgehend entwässerte Niederungen. Östlich der Stadt Barth zieht ein sanfter Höhenrücken zum Bodden. Dieser Ausläufer eines Endmoränenrückens schiebt sich als schmale Halbinsel Fahrenkamp, an der es auch eines der weniges Steilufer des Gebietes gibt, zwischen beide Bodden. Im Norden werden sie durch die große Seesandebene des Ostteiles der Halbinsel Zingst vom Meer getrennt. Hier reicht das Osterholz, ein größeres Waldgebiet, stellenweise bis an den Bodden. Östlich davon erstrecken sich hinter den Deichen die weitläufigen Salzweideflächen der Sundischen Wiese bis Pramort.
Im nordöstlichen Teil verengt sich der Grabow zu einem immer schmaler werdenden Wasserarm. Dieser verläuft zwischen Festland und Werderinseln sowie der Insel Bock und schafft mit seinen als *Aue, Am Bock* und *Barther Zufahrt* bezeichneten Gewässerteilen die einzige, teilweise nur wenige hundert Meter breite schiffbare Verbindung zum Kubitzer Bodden und damit zum offenen Meer. Während die Insel Bock teilweise künstlich aufgespült wurde, stellt das Gebiet der Inseln Großer und Kleiner Werder sowie des seeseitig davor liegenden Windwattes einen einmaligen Naturraum dar. Während die flachen Sandplatten bei Niedrigwasser trockenfallen, werden sie bei Hochwasser überströmt. Dann erfolgt zwischen den Inseln hindurch ein Wasseraustausch von der Ostsee zum Bodden oder in Gegenrichtung.

Kubitzer Bodden und Strelasund

Der **Kubitzer Bodden** (35 km^2) grenzt im Westen an das Festland und bildet im Osten eine große Bucht im Kernland Rügens. Ein schmaler Wasserarm führt in seinem nordwestlichen Teil vom Bodden zum Meer. Diese Verbindung liegt zwischen der Insel Bock und dem immer weiter nach Süden wachsenden Sandhaken des Gellen, der Südspitze von Hiddensee. Durch diese Gellenrinne strömen bei wechselndem Pegelstand oft gewaltige Wassermengen in das Boddengebiet ein oder heraus.
Im Westen des Kubitzer Boddens, besonders im Bereich von Gellerhaken, Vierendehl- und Flunderngrund, liegen ausgedehnte Flachwasserzonen, die nur wenige Dezimeter tief sind. Diese allgemein als Schaar bezeichneten

Areale fallen bei Niedrigwasser teilweise trocken und erinnern dann an Wattgebiete. Die Inseln Liebitz (0,4 km^2) und Heuwiese (0,2 km^2) sind Küstenvogelschutzgebiete. Am Ostufer gibt es zwei kleine, landschaftlich reizvolle Buchten mit ausgedehnten Röhrichtbeständen, *Landower Wedde* und *Priebowsche Wedde*. In letztere mündet der Sehrower Bach – als bescheidenes Fließgewässer doch das größte der Insel Rügen.
Der Kubitzer Bodden wird von niedrigen Ufern eingerahmt – teils sind es ebene Grundmoränen, teils Niederungen. Lediglich der bewaldete Moränenrücken von Barhöft im Westen ragt hervor. Zwischen Zarrenzin und Klausdorf markiert ein bewaldeter Steilhang den Verlauf des einstigen Steilufers der Ostsee.
Südlich schließt der **Strelasund** (64 km^2) an, der Rügen vom Festland trennt. Er bildet eine etwa 30 Kilometer lange, durchschnittlich nur etwa zwei Kilometer breite Verbindung zwischen Kubitzer und Greifswalder Bodden. Sein Wasser füllt eine flache, talartige Hohlform. In der von Nordwest nach Südost verlaufenden Senke vermuten Geowissenschaftler eine bereits vor der Eiszeit vorhandene grabenartige Vertiefung in der Erdkruste. Ihre endgültige Form erhielt sie durch die nach Nordwesten abfließenden Schmelzwässer. Auch einige Seitenarme des Strelasundes – *Deviner See, Kemlade, Glewitzer und Puddeminer Wiek* – sind einst von kleineren Schmelzwasserströmen geformte Täler. Am Grunde des Strelasundes verläuft in Längsrichtung eine bis zu 16 Meter tiefe, schmale Rinne, die den Lauf eines Flusses in der nacheiszeitlichen Festlandsperiode nachzeichnet.
Im Gegensatz zu den westlich gelegenen Gebieten der Boddenküste hat der Strelasund an manchen Stellen auf fallend hohe Ufer. Es gibt noch einige aktive Bereiche, die man hier kaum vermutet. Zu diesen zählen Steilufer wie das Gelbe Ufer bei Altefähr, das Westufer der Halbinsel Devin, das sandige Steilufer im Südosten der Drigge und das niedrige Kliff bei Prosnitz sowie, als Anlandungsformen, zwei modellartige Sandhaken: der Deviner Haken und der Vogelhaken an der Halbinsel Glewitz. Am Südwestufer des Strelasundes dominiert die alte Hanse- und Hafenstadt Stralsund mit ihrer sechs Kilometer langen, geschlossenen Uferbebauung in der Landschaft. Vom Turm der Stralsunder Marienkirche aus überblickt man den Strelasund in seiner gesamten Länge, weite Teile der Insel Rügen sowie den Kubitzer Bodden und Teile des Greifswalder Boddens.

Greifswalder Bodden

Am östlichen Ausgang, auf Höhe Palmer Ort/Insel Riems weitet sich der Strelasund und geht über in den **Greifswalder Bodden** (510 km^2), das größte aller vorpommerschen Boddengewässer. Das Festland bildet seine südlichen Ufer, die Insel Rügen seine nördlichen. Am östlichsten Punkt liegt die langgestreckte, völlig von einer Uferschutzmauer umgebene Insel Ruden (0,4 km^2). Zwischen ihr und dem Thießower Haken im Norden sowie dem Peenemünder Haken im Süden hat der Greifswalder Bodden eine insgesamt mehr als zehn Kilometer breite Verbindung zur Pommerschen Bucht. Das ist die weitaus größte Öffnung aller Bodden zum Meer. Allerdings besitzt dieser Bereich, den man als „Boddenrandschwelle" bezeichnet, in weiten Teilen nur Wassertiefen von weniger als zwei Metern. Man vermutet, daß hier noch bis ins Mittelalter hinein eine nehrungsartige Verbindung zwischen Rügen und Usedom vorhanden war, die möglicherweise während der „Allerheiligenflut" im Jahre 1304 zerstört wurde. Zwischen Struck und Peenemünder Haken mündet der breite, fast boddenartige *Peenestrom*.
Bei einer durchschnittlichen Wassertiefe von etwa sechs Metern weist der Greifswalder Bodden einige recht flache Stellen auf, die sogenannten „Gründe". Die markanteste Untiefe ist der mitten im Bodden gelegene Große Stubber, der noch vor zwei Jahrhunderten eine kleine Insel bildete. Heute fällt an ihrer Stelle bei Niedrigwasser eine etwa 50 Meter lange Sandbank trocken, auf der große Geschiebe liegen.
Der flachen Südwestküste des Greifswalder Boddens vorgelagert sind die Inseln Riems (0,3 km^2) und Koos (1,5 km^2). In diesem Bereich liegen auch die beiden Buchten *Gristower Wiek* und *Kooser See*. An ihren Uferzonen gibt es besonders weiträumige Röhrichtgürtel und Salzweiden.
Die Dänische Wiek, der überflutete Teil des Urstromtales der Ziese, erstreckt sich von allen Boddenbereichen am weitesten nach Süden. In sie mündet auch der Ryck, an dem – wenige Kilometer landeinwärts – die für den Bodden namengebende Stadt Greifswald liegt. Die Küste zwischen Dänischer Wiek und der landnahen, flachen Weideinsel Struck (2,1 km^2) zeigt sich ausgeglichen. Niedrige, weitgehend bewachsene Geschiebelehmkliffs dominieren im westlichen Teil. Östlich von Lubmin bilden dagegen die zum Teil mit Dünen bedeckten Schmelzwassersande des Waldgebietes der Lubminer Heide nicht nur das auffälligste Sandkliff an der ganzen Boddenküste, sondern auch ihren schönsten Badestrand. Etwas östlich davon, in unmittelbarer Ufernähe, liegt hier allerdings auch der gewaltige, unschöne Baukomplex des heute stillgelegten Kernkraftwerkes Lubmin, das bei entsprechender Sicht von allen Ufern rund um den Bodden zu erkennen ist.
Die Halbinsel Zudar wird durch die stillen, buchtenreichen Gewässer der *Schoritzer* und *Maltziener Wiek* vom Kernland der Insel Rügen getrennt. Zwischen Palmer Ort, dem Höftland an der Südspitze Rügens, und Pritzwald im Norden verläuft das Ufer der Halbinsel als ein in den Bodden ragendes Halbrund. In seiner Mitte liegt das geologisch interessante Gelbe Ufer, ein bis 15 Meter hohes Steilufer aus Schmelzwassersedimenten.
Einen weiten Bogen mit sanften Buchten beschreibt die

nördliche Küste des Greifswalder Boddens auf Rügen zwischen der Silmenitzer Heide und Neu Reddevitz. Nur von einigen Niederungen unterbrochen, reichen hier fruchtbare Felder bis an die Kante des niedrigen Moränenkliffes, das größtenteils inaktiv und mit Strauchwerk bewachsen ist. Davor liegt meist ein schmaler, geröllreicher Strand. Nur an exponierten Stellen wie vor den Waldgebieten der Neuendorfer Kiefern oder der Goor bei Lauterbach gibt es an den Steilufern häufiger Abbrüche und kleinere Sandstrände.
Im nördlichsten Teil des Greifswalder Boddens, dem *Rügischen Bodden*, bestimmt die hügelige, mit herrlichem Laubwald bestandene Insel Vilm (0,96 km²) das Landschaftsbild.
Das Ostufer der *Stresower Bucht* leitet über zum landschaftlich reizvollen und besonders reich gegliederten Gebiet der Halbinsel Mönchgut, deren markante Landzungen Alt Reddevitz, Groß Zicker und Klein Zicker weit nach Westen in den Bodden reichen. Nirgendwo in der Boddenlandschaft ist der Wechsel Inselkern–Nehrung–Inselkern so offensichtlich wie hier. Die Höhenzüge der Inselkerne besitzen noch heute an ihren exponierten Vorsprüngen (den „Höften") besonders hohe, in Abbruch befindliche Kliffs – so am Reddevitzer Höft, am Zickerschen Höft und am Saalsufer. Auch die übrigen, nicht mehr aktiven Kliffs zeigen sich vielfach noch recht steil, sind aber meist mit Laubgehölzen bewachsen.
Die zwischen den Landzungen liegenden Gewässer *Having, Hagensche Wiek* und *Zicker See* sind heute nach Osten hin durch Nehrungen und breite Verlandungszonen von der offenen See getrennt: durch die bewaldete Baaber Heide, die Lobber See-Niederung, den Großen Strand und die Zickerniss-Niederung. Die Having hat mit *Neuensiener See* und *Selliner See* zwei nur durch schmale Wasserarme verbundene, weit landeinwärts gelegene Nebengewässer. Auch an ihren flachen Ufern dominieren Salzweiden und Röhrichtgürtel.

Bodden zwischen Rügen und Hiddensee

In seinem nördlichen Teil, zwischen dem großflächigen Sandhaken des Gellen und Freesenort (Ummanz), grenzt der Kubitzer Bodden an den **Schaproder Bodden** (46,6 km²). Dessen besonders flacher südlicher Teil, der Gellerhaken mit dem Inselchen Gänsewerder, ist eine ausgedehnte, bei Niedrigwasser teilweise trockenlaufende Schaar. Hier sind die Schiffe von Stralsund nach Hiddensee auf eine Baggerrinne angewiesen. Der flache Südteil der Insel Hiddensee grenzt mit verschilften Ufern und Salzweiden an den Schaproder Bodden. In dessen Ostteil liegt die große, flache Insel Ummanz (19,7 km²).
Ein Gewirr kleinerer, stark zerlappter Boddengewässer trennt Ummanz von Rügen: **Udarser Wiek** (8,5 km²) **Koselower See** (3,7 km²) und **Varbelvitzer Bodden** (3,7 km²). In diesem Bereich gibt es auch drei kaum bekannte kleine Inseln – Urkevitz (0,3 km²), Mährens (0,1 km²) und Liebes (0,1 km²). Eine andere flache Insel, die Öhe (0,8 km²), liegt unmittelbar vor Schaprode, am Eingang zur Udarser Wiek.
Der *Trog* bildet eine schmale Stelle zwischen Fährinsel (0,4 km²) und Steinort/Seehof. Nördlich davon erstreckt sich der **Vitter Bodden** (12,4 km²), eingerahmt vom nördlichen Teil der Insel Hiddensee mit den markanten Moränenhügeln des Dornbusch und den beiden daran ansetzenden Sandhaken des Alten und Neuen Bessin sowie vom Sandhaken des Bug. Die Spitze des Neuen Bessin wächst weiter in Richtung auf den Bug. Dadurch wird die schmale Verbindung vom Vitter Bodden über die Libben-Bucht zur freien Ostsee immer stärker eingeengt. Falls die Fahrrinne künftig nicht offengehalten wird, könnte es alsbald zum Zusammenwachsen von Bessin und Bug kommen – zur Entstehung einer neuen Nehrung.
Von den mehr als 50 Meter hohen Hügeln am Dornbusch reicht der Blick weit über das verzweigte Netz der Bodden und Sandhaken. Man überschaut große Teile der Insel Rügen und erkennt in der Ferne das Festland.

Nordrügensche Bodden – die „Binnenbodden" Rügens

Der Bug, der größte aller rügenschen Sandhaken, wuchs einst von der Westspitze der Halbinsel Wittow aus rasch gen Süden. Durch ihn wurden **Wieker Bodden** (16 km²) und **Rassower Strom** (20 km²) vom Meer abgeschnürt. Der im Westen mit dem Vitter Bodden verbundene Rassower Strom besitzt im Süden eine auffallend geglättete Uferlinie – das Ergebnis intensiver Meeresbrandung jener Zeit, da dieser Sandhaken noch nicht existierte. Heute wächst der Bug nicht weiter.
Bis auf etwa 300 Meter verengt sich die Kette der nordrügenschen Bodden an der Wittower Fähre. Hier verbinden Autofähren den nordwestlichen Teil des „Muttlandes" – des Kerngebietes der Insel Rügen – mit der Halbinsel Wittow.
Der **Breetzer Bodden** (11,6 km²) buchtet nach Süden aus zur besonders flachen **Neuendorfer Wiek** (3,7 km²) mit der Insel Beuchel (0,1 km²) und weitet sich östlich zum **Breeger Bodden** (9,7 km²). Auch an den meisten Ufern dieser Bodden findet man die für diesen flachen Teil Nordrügens charakteristischen, aber wenig auffälligen niedrigen Grundmoränenkliffs, deren Kante oft die Grenze der fruchtbaren Felder bildet.
Südöstlich vom Breeger Bodden leitet der **Lebbiner Bodden** (4,7 km²) zum **Großen Jasmunder Bodden** (58,6 km²) über, dem größten der nordrügenschen Gewässer. Noch vor 4000 Jahren befand sich an seiner Stelle eine weite Bucht der Ostsee. Auch gegen deren landschaftlich abwechslungsreiche Ufer mit höheren Endmoränenhügeln und Niederungen brandete damals das Meer. Es schuf an einigen Stellen – so im Bereich der Banzelvitzer Berge, zwischen Lietzow und Ralswiek sowie

nördlich von Lietzow – bemerkenswerte Steilufer. Die Verbindung zwischen der einstigen Meeresbucht und dem **Tetzitzer See** (5,9 km^2) wurde damals zum Teil abgeschnürt.
Die Schaabe als größte aller rügenschen Nehrungen riegelte im Laufe der Zeit die große Bucht ab. Vor rund 1000 Jahren gab es noch ein Fluttor – eine schiffbare Verbindung zum Meer. Heute ist das etwa zehn Kilometer lange imposante Bauwerk der Ostsee zwischen den Inselkernen von Wittow und Jasmund insgesamt bewaldet. Sein boddenseitiges Ufer besitzt im nördlichen Teil einen Schilfgürtel, weiter südöstlich einen schmalen, grobsandigen Strand.
Die bewaldeten Endmoränen im südlichen Teil des Großen Jasmunder Boddens im Gebiet von Lietzow und Ralswiek zählen zu den landschaftlich schönsten aller Boddenufer. Kleinere Abschnitte der bis zu 20 Meter hohen Kliffs sind noch heute zeitweise aktiv. Bei Sturmhochwasser gibt es besonders in sandigen Bereichen hier und da beträchtliche Rutschungen. Auf den nicht mehr aktiven Steilufern wächst ein charakteristischer Hangwald, in dem Kiefern und Buchen dominieren. So bewachsen sind auch die steilen Uferbereiche am südöstlich gelegenen **Kleinen Jasmunder Bodden** (28,4 km^2), der heute ebenfalls durch eine große Nehrung, durch die Schmale Heide, vom Meer getrennt ist. Seine Ufer sind reich gegliedert, meist bewaldet und an manchen Stellen nur wenig vom Menschen berührt. Die einstige schmale Verbindung zwischen Kleinem und Großem Jasmunder Bodden bei Lietzow wurde 1869 durch einen Damm geschlossen. Nur durch eine Schleuse erfolgt heute noch ein Wasseraustausch. Zwei Inseln – Pulitz und Thießow – mit hochaufragenden Kliffs lagen in der einstigen Ostseebucht, die auch im Westen und Norden fast durchgehend hohe Steilufer hatte.
Inselkerne und Halbinseln sind inzwischen ebenso bewaldet wie die Strandwälle und Dünen der Schmalen Heide, auf der unweit von Neu Mukran die bekannten Feuersteinfelder liegen. Diese Strandwälle entstanden in jener Zeit vor ca. 4000 Jahren, als die Nehrungen gerade zu wachsen begannen und damit die Bildung der Bodden einsetzte.

Der Mensch in der Boddenlandschaft

Nach dem Abschmelzen der eiszeitlichen Gletscher kamen bereits vor etwa 10000 Jahren Menschen in das Gebiet der heutigen Bodden. Von diesen steinzeitlichen Jägern, Fischern und Sammlern bis hin zu den seßhaften Menschen der Bronzezeit wurden ungezälte Generationen unbewußt zu Zeugen des langsamen, Jahrtausende währenden natürlichen Landschaftswandels – der Entstehung der Bodden. Deren Ufer boten an geschützten Buchten sandige Stellen, die als Siedlungsplatze bevorzugt wurden. Die äußerst fischreichen Gewässer garantierten nicht nur Nahrung, sondern in einer Zeit noch fehlender anderer Verkehrswege auch den Wasserweg als damals beste Möglichkeit von Reise und Transport. Das war selbst noch vor rund 1000 Jahren so, als die Boddenlandschaft von slawischer Bevölkerung besiedelt wurde. In einer geschützten Bucht bei Ralswiek am Großen Jasmunder Bodden lag damals, durch umfangreiche Ausgrabungen und wertvolle Funde belegt, einer der wichtigsten Handelsplätze des Ostseeraumes.
Auch für die deutschen Stadtgründungen des 13. Jahrhunderts – Ribnitz, Damgarten, Barth, Stralsund und Greifswald – nutzte man geschützte Plätze an den Bodden, die gleichzeitig Zugang zur offenen See boten. Von der Hansezeit bis ins 19. Jahrhundert hinein waren diese Boddenhäfen teilweise wichtige Umschlagplätze. Die zunehmende Dimension und der größere Tiefgang der Schiffe, eine fortschreitende natürliche Abschnürung und Verflachung der Gewässer sowie der Ausbau anderer Häfen und Verkehrswege brachten diese Städte, ja die gesamte Boddenlandschaft immer stärker an den Rand der Entwicklung. Heute zählt sie zu den am dünnsten besiedelten Regionen Deutschlands und ist nahezu frei von Industrie.
Noch immer bestimmt die Landwirtschaft mit riesigen Schlägen das Bild der Boddenküste. Auf den schweren, fruchtbaren Lehmböden der Grundmoränengebiete gedeihen bevorzugt so anspruchsvolle Kulturen wie Weizen, Raps und Zuckerrüben. Rinder und Schafe weiden auf dem Grasland der ausgedehnten Seesandflächen und der vielen meliorierten Küstenniederungen.
Die Boddenfischerei, besonders der Heringsfang, besaß seit jeher eine besondere Bedeutung. Die meisten Boddendörfer verfügten über einen kleinen Fischerhafen oder Anlegeplätze. Zahlreiche Bauern waren gleichzeitig Fischer. Viele traditionelle Fangmethoden und -geräte kamen hier zum Einsatz: Stell- und Zugnetze, Bügel- und Kummreusen, Langleinen und Aalkorbketten – abhängig von der Lage der Fangplätze entsprachen die einen mehr denen der Binnenfischerei, andere stärker denen der Küstenfischerei.
Hier an den Bodden entstand eine originelle Methode der Schleppnetzfischerei: die Zeesenfischerei. Dabei wurde das Schleppnetz – die Zeese – von einem quer vor dem Wind treibenden Zeesboot an langen Auslegern (Zeesbäumen) geschleppt. Mit der Zeese fing man Flundern,

Aale, Hechte und Zander. Die rotbraunen Segel der Zeesboote bestimmten einst das Bild der Bodden. Heute wird nicht mehr gezeest, doch viele Zeesboote blieben erhalten, von traditionsbewußten Seglern liebevoll gepflegt.
Auch heute noch fahren Fischer zum Fang hinaus auf die Bodden. Deren Zahl aber hat in den vergangenen Jahren auf Grund der ungünstigen wirtschaftlichen Entwicklung stark abgenommen, denn viele konnten von ihrem Fang nicht mehr existieren. Insgesamt beeinflußt jener grundlegende Strukturwandel, der sich gegenwärtig überall in Ostdeutschland vollzieht, nicht nur die Fischerei, sondern auch Landwirtschaft und Tourismusgewerbe an der Boddenküste. Er wird auch im äußeren Bild der Siedlungen offensichtlich.

Erlebte Boddenlandschaft – geschützte Boddenküste

Die Boddenlandschaft, in vielfacher Hinsicht ein Gegenpol zu den betriebsamen Stränden der Außenküste, besitzt längst zahlreiche Freunde. Viele Wassersportler und Angler, besonders aber Naturfreunde haben die abwechslungsreichen Gewässer und deren reich gegliederte Küste mit ihren wertvollen Naturräumen längst für sich entdeckt. An den meisten Boddenufern und in deren näherer Umgebung – besonders auf Darß, Zingst und Hiddensee, auf Nord- und Oströgen, auf Mönchgut und am Strelasund – gibt es zahlreiche Wanderwege und -ziele. Auch Radfahrer finden hier abseits der belebten Straßen viele Möglichkeiten für interessante Touren. Bekanntermaßen abwechslungsreich sind die Bodden als Segelrevier mit einer inzwischen beachtlichen Zahl kleiner Häfen, in denen auch Gäste stets willkommen sind. Einige ausgewiesene Surferstrände kann man mit dem Fahrzeug gut erreichen. In den vielen Boddengemeinden finden Touristen auch außerhalb der Sommersaison ausreichend Übernachtungsmöglichkeiten und zunehmend besser ausgestattete Campingplätze. Neue qualitätvolle Wanderkarten und umfangreiche Gastgeberverzeichnisse erleichtern allen Interessenten, ihren Urlaub an den Bodden zu planen.
Dem Erlebnis Boddenküste steht also nichts mehr im Wege – wenn der Besucher bereit ist, gewisse Regeln zu befolgen. Damit sind jene Bestimmungen gemeint, die erlassen wurden, um den dringend notwendigen Schutz von Natur und Landschaft zu garantieren. Denn die Vielfalt und Schönheit eines der interessantesten deutschen Naturräume soll auf Dauer bewahrt bleiben. Dazu schuf man zahlreiche Schutzgebiete: Große Areale im westlichen Teil der Boddenküste mit Darß, Zingst, Hiddensee und Westrügen stehen als *Nationalpark Vorpommersche Boddenlandschaft* unter strengem Schutz – eingeschlossen die Vogelschutzinseln und Rastplätze der Kraniche. Im *Biosphärenreservat Südost-Rügen*, welches die nördliche Umrandung der Greifswalder Boddens und ganz Mönchgut umfaßt, soll der besondere Charakter dieser einzigartigen Natur- und Kulturlandschaft gewahrt bleiben. Zahlreiche Naturschutzgebiete auf Rügen und an den festländischen Ufern sichern die wertvollsten Naturbereiche. Außerdem gibt es die Landschaftsschutzgebiete *Ostrügen* und *Mittlerer Strelasund*. Der geplante großräumige *Naturpark Rügen* soll die Natur- und Landschaftsschutzgebiete auf Rügen einschließen. Weiträumige Wasser- und Uferflächen von Greifswalder Bodden und Strelasund haben den Status *Europäisches Vogelschutzgebiet* und stellen wichtige Rastgebiete für Wasservögel dar.
Doch auch für die nicht ausdrücklich geschützten Regionen gelten Naturschutzbestimmungen – so beispielsweise für die äußerst sensible Röhrichtzone. Das allgegenwärtige Schilf des Röhrichtgürtels reagiert viel empfindlicher auf Belastungen, als es viele Nutzer der Boddenküste glauben. Wer mit dem Boot im Schilfgürtel anlegt, stört nicht nur das vielfältige Leben dieses Naturraumes, sondern kann durch die mechanische Belastung auch Schäden verursachen, die das durch übermäßigen Nährstoffeintrag vorbelastete Schilf an dieser Stelle nicht verträgt und dadurch abstirbt. Wie sensibel auch die Tierwelt reagieren kann, zeigt das Verhalten der rastenden Kraniche. Sie erscheinen heute viel scheuer als noch vor wenigen Jahren, wurden sie doch durch unvorsichtige Beobachter in letzter Zeit viel zu oft gestört.
Alle Besucher der Boddenküste tragen also mit an der Verantwortung dafür, daß Natur und Landschaft hier in ihrer Schönheit und Vielfalt erhalten und auch künftigen Generationen erlebbar bleiben. Daher sollte jeder bereitwillig folgende Grundregeln befolgen:

- freilebende Tiere nicht beunruhigen, aufscheuchen oder fangen;
- keine Wildpflanzen abpflücken oder ausgraben;
- Vogelschutzinseln nicht betreten;
- in den Schutzgebieten nur markierte Wege benutzen;
- kein Feuer anlegen und nie im Wald rauchen;
- keine Abfälle hinterlassen;
- nur dort Fahrzeuge benutzen, wo das Fahren erlaubt ist;
- nur die ausgewiesenen Parkplätze benutzen;
- nicht „wild“ campieren;
- Wassersport nur in ausgewiesenen Revieren betreiben;
- mit Booten oder Surfbrettern nie im Schilf anlegen.

Darß-Zingster-Boddenkette

Ostufer des Saaler Boddens
Gegen dieses stille Ufer mit seinem breiten Schilfgürtel brandeten – wie an vielen anderen Stellen der heutigen Boddenküste – noch vor 5000 Jahren die Wellen der freien Ostsee.
Im Hintergrund die Windkraftanlagen bei Saal; links am Horizont der Darß, rechts der Bodstedter Bodden und die Halbinsel Zingst – Blickrichtung Nordost.

Auf den folgenden Seiten:

Blick von Ribnitz-Damgarten zum Fischland
Die Altstadt von Ribnitz liegt mit ihrem kleinen Hafen unmittelbar am Ribnitzer See, dem südlichsten Zipfel der Darß-Zingster-Boddenkette.
Über der Halbinsel (mit Pütnitzer Holz) der Saaler Bodden, der nur durch den darüber erkennbaren schmalen Landstreifen des Fischlandes vom offenen Meer getrennt ist. Blickrichtung Nord.

Ausblick vom Wustrower Kirchturm
Dieser ideale Aussichtspunkt auf dem Inselkern des Hohen Fischlandes bietet nicht nur einen überwältigenden Blick über die Ostsee, sondern auch diese weite Sicht über den Saaler Bodden zum Festland.
Eines der charakteristischen Zeesboote, von denen hier im kleinen Hafen stets mehrere liegen, kreuzt auf dem Bodden. Die rohrgedeckten Dächer von Barnstorf ducken sich unter Bäumen vor dem Wind das nahen Meeres.

Auf den folgenden Seiten:

Herbstwolken über dem Bodstedter Bodden

Auf den vorhergehenden Seiten:

Sonnenaufgang über dem Prerowstrom
Einem stillen Fluß gleich windet sich der Prerowstrom durch die Salzweiden zum Bodstedter Bodden und trennt die Halbinsel Zingst vom Darß. Die seeseitige Mündung der einst schiffbaren Verbindung zwischen Meer und Bodden ist längst zugeschüttet worden.
Blick von der Hohen Düne am Ortseingang von Prerow nach Süden – am Horizont der Kirchtum von Barth.

Salzweiden mit Wiesenprielen auf der Insel Kirr
Dieses Luftbild vermittelt einen Eindruck von ursprünglichen, vom Menschen noch nicht meliorierten Salzweiden, wie sie einst weite Strecken der flachen Boddenufer säumten.
Auf der Insel Kirr brüten zahlreiche Seevögel.

Die Borner Bülten
Die als Bülten bezeichneten Schilfinseln markieren einstige Sandbänke, die das Meer bereits vor dem Abschluß der Bodden aufgeschüttet hatte.
Im Hintergrund Ostsee und Darßwald, am Boddenufer die Ortschaft Born – Blickrichtung Nord.

Windwatt, Werderinseln und Insel Bock
In dieser eigenartigen Flachwasserzone östlich von Pramort berühren sich Meer und Bodden. Sie ist der bevorzugte Schlafplatz für die an der Boddenküste rastenden Kraniche. Blick nach Osten: vorn links Großer Werder, rechts hinten Insel Bock; der darüber von links ins Bild hineinlaufende, schmale Landstreifen ist der Gellen – die Südspitze der Insel Hiddensee. Der gesamte Bereich zählt zur Kernzone des Nationalparks Vorpommersche Boddenlandschaft.

Einfliegende Kraniche
Die Keile ziehender Kraniche und deren laute, wohlklingende Rufe geben der Boddenküste im Herbst und Frühling einen besonderen Reiz. (Foto: Alfred Schumm)

Boddenwiese am Grabow bei Günz
Kopfweiden gehören zum charakteristischen Landschaftsinventar flacher Boddenküsten. Oft markieren die Weidenreihen den Verlauf des einstigen Meeresufers.

Reusenpfähle am Barther Strom bei Pruchten
Noch findet man in vielen Dörfern rings um die Gewässer zahlreiche Bootsanlegestellen, Hütten und Reusenplätze der Boddenfischer.

Reusenfischer mit Heringen
Stralsunder Fischer haben mit ihrem kleinen Kutter die Kammerreusen im Kubitzer Bodden geleert. Während der Fangsaison im Frühjahr fangen sie an manchen Tagen viele Tonnen Hering.

Eisfischer mit Hechten
Sobald es trägt, ziehen die Fischer ihre Stellnetze unter das Eis der Bodden. So fängt man hauptsächlich Barsche, Plötzen, Zander und Hechte – nur selten allerdings so kapitale wie hier die Neuendorfer Fischer auf dem Schaproder Bodden.

Algenschaum am Kubitzer Bodden
Die starke Überdüngung der Bodden führt zeitweise zu einer Massenvermehrung sogenannter Schaumalgen. Diese werden nach dem Absterben von den Wellen zerschlagen und ergeben jenen Schaum, der die weißen Streifen längs der Wasserlinie bildet.

Ostufer des Kubitzer Boddens
Das im Frühling aufgenommene Luftbild zeigt vorn die Landower Wedde, oben die Halbinsel Lieschow, darüber die Insel Ummanz, den Südteil der Insel Hiddensee mit den weißen Häusern von Neuendorf, sowie – rechts am Horizont schwach erkennbar – die etwa 70 Kilometer entfernte dänische Insel Mön. Blickrichtung Nordwest.

Kubitzer Bodden und Strelasund

Auf den folgenden Seiten:

Blick auf die Altstadt von Stralsund
Die alte Hafen- und Hansestadt Stralsund liegt in besonders schöner landschaftlicher Position am Festlandufer des Strelasundes.
Aussicht von der Marienkirche nach Norden zum Kubitzer Bodden; oben links Parower Haken, rechts Insel Rügen; am Horizont die Insel Hiddensee.

Der Strelasund
Als etwa zwei Kilometer breiter und rund dreißig Kilometer langer Wasserarm verbindet er Kubitzer und Greifswalder Bodden miteinander und trennt damit die Insel Rügen vom Festland.
Das Luftbild zeigt rechts die Insel Rügen, unten die Halbinsel Glewitz mit Vogelhaken, oben das Festland mit Stralsund. Blickrichtung West.

Ufer am Strelasund südlich von Venzvitz
So wie hier wechseln am Strelasund auch an vielen anderen Stellen dichte Schilfbestände und schmale Sandstrände vor einem niedrigen, bewachsenen Steilufer.

Greifswalder Bodden

Aussicht über den größten Bodden
Blick von der südrügenschen Halbinsel Zudar über den nördlichen Teil des Greifswalder Boddens, den Rügenschen Bodden (Luftbild). Vorn die Maltziener Wiek mit der Kormorankolonie auf der kleinen Insel Tollow (rechts), darüber die Schoritzer Wiek – durch die beiden gegeneinander laufenden Landzungen (links Silmenitzer Heide) vom Bodden abgetrennt. Am Horizont links das Waldgebiet der Granitz, davor Insel Vilm; rechts Mönchgut – Blickrichtung Nordost.

Auf den folgenden Seiten:

Ufer der Maltziener Wiek
Auch die im Winter rasch vereisende kleine Wiek zeigt eine charakteristische Uferform der Bodden: ein mit Weißdornbüschen bewachsenes, niedriges Steilufer; davor ein schmaler Schilfgürtel. Links im Hintergrund die gotische Backsteinkirche des Dorfes Zudar.

Das Gelbe Ufer auf dem Zudar
An diesem weit über den Greifswalder Bodden leuchtenden sandigen Steilufer blühen im Sommer zahlreiche Wildkräuter.

Badeleben am Strand von Wreechen
Die schmalen Boddenstrände erreichen nur an wenigen Stellen die Qualität der Außenstrände. Dafür sind sie kinderfreundlich – das ufernahe Wasser ist sehr flach und erwärmt sich viel schneller als das an der Außenküste.

Auf den folgenden Seiten:

Blick zur Granitz
Der nordöstliche Teil des Greifswalder Boddens wird eingerahmt vom bewaldeten Höhenrücken der Granitz, gekrönt vom Jagdschloß Granitz – dem wohl schönsten aller Aussichtspunkte an der ganzen Boddenküste.
Auch der stille Neuensiener See im Vordergrund zählt zu den Boddengewässern. Er besitzt über Lanckener Bek und Having eine Verbindung zum Greifswalder Bodden; auf seinen Uferwiesen wachsen Salzpflanzen.

Aussicht vom Jagdschloß Granitz
Von der etwa 130 Meter über dem Meeresspiegel liegenden Aussichtsplattform des Turmes überschaut man auch den gesamten Greifswalder Bodden – hier der Blick nach Südwesten zur Insel Vilm und zur Halbinsel Zudar.

Ostufer der Insel Vilm
Diese seit langer Zeit unter Naturschutz stehende Insel ist ein landschaftliches Kleinod der Boddenküste. Ihre vielgestaltigen Ufer sind kaum vom Menschen beeinflußt. Auf engem Raum findet man hier die verschiedensten Küstenformen vereint.

Auf den folgenden Seiten:

Die östlichsten Boddenufer
Diese landschaftlich besonders reich gegliederte Boddenküste Südost-Rügens mit der Halbinsel Mönchgut steht heute als Biosphärenreservat unter Schutz.
Luftbild mit Blickrichtung Süd: vorn Neuensiener See und Seedorf (an der Lanckener Bek), darüber Having, Halbinsel Alt Reddevitz, Hagensche Wiek, die Halbinseln Groß Zicker und Klein Zicker; am Horizont die Insel Usedom.

Geschiebelehmkliff am Reddevitzer Höft
Die als „Höft" bezeichneten, weit in den Greifswalder Bodden ragenden Vorsprünge der Mönchguter Halbinseln unterliegen der stärksten Abtragung aller Boddenufer. Im Winter kommt es hier oft zu beachtlichen Abbrüchen. Die Frühlingsstürme aber räumen das Lockermaterial schnell beiseite, so daß alsbald wieder eine senkrechte Kliffkante entsteht.

Sandhaken am Zicker See
Der bei Sturm an den Höften abgetragene Sand wird vom Wasser parallel zum Ufer transportiert und in stillen Buchten zu Sandhaken aufgeschüttet. Würde man die Einfahrt in den Zicker See nicht fortlaufend ausbaggern, wüchsen diese beiden Sandhaken wohl in absehbarer Zeit zusammen.

Eis am Zickerschen Höft
Die Bodden kühlen im Winter viel rascher ab als das Meer. Dann genügen einige Nächte mit mäßigem Frost, um eine geschlossene Eisdecke zu bilden. Bricht das Eis auf, werden die Schollen oft vom Wind gegen die Mönchguter Höfte getrieben und dort aufgetürmt.

Sturmhochwasser
Zwischen Baabe und Moritzdorf erstrecken sich ausgedehnte Wiesen, die nur von der schmalen Baaber Bek gequert werden. Das Foto zeigt dieses Gelände am 4. November 1995 bei einem Wasserstand von mehr als einem Meter über Normal. Im Hintergrund auf dem Hügel die Moritzburg, links das Baaber Bollwerk.

Vereiste Wiesen am Selliner See
Nur der schmale Wasserarm der Baaber Bek verbindet den Selliner See mit der Having. Trotzdem sind hier alle Schwankungen des Wasserstandes spürbar. Diese nicht eingedeichten Uferwiesen bei Altensien wurden überflutet und vereisten. Dann fiel das Wasser und ließ die dünne Eishaut einsinken.

Aussicht vom Gristower Kirchturm
Nördlich der Stadt Greifswald besitzt der Greifswalder Bodden flache Uferzonen mit weiten Salzweiden. Die Gristower Wiek bildet dort eine tief ins Land eingreifende Bucht, die man vom Gristower Kirchturm aus gut überblicken kann. Im Vordergrund Gristower Wiek, hinten Riemser Ort und Insel Riems. Blickrichtung Nordost.

Sandkliff der Lubminer Heide
Das waldbestandene Steilufer am Greifswalder Bodden östlich von Lubmin besteht aus eiszeitlichen Schmelzwassersanden, die von alten Dünensanden überdeckt sind. Sie liefern das Material für den schönsten Badestrand an der ganzen Boddenküste.

Bodden zwischen Rügen und Hiddensee

Unbekannte Inselwelt
Im Varbelvitzer Bodden zwischen Ummanz und Rügen liegen kleine, nur wenig bekannte Inseln. Das Luftbild zeigt vorn die bogenförmige Insel Liebes und darüber – nur durch einen schmalen Wasserlauf von Ummanz getrennt – Urkevitz. Oben links Koselower See, rechts Rügen – Blickrichtung Nordost.

Schafe auf Urkevitz
Auf dem Luftbild links erkennt man auf der Insel Urkevitz einen kleinen rötlichen Fleck. Aus der Nähe betrachtet erweist sich dieser als ein ganz und gar mit winzigem blühenden Reiherschnabel bewachsener Hügel, auf dem Schafe weiden.

Auf den folgenden Seiten:

Boddenufer vor Neuendorf
Dieses wohl charaktervollste aller Fischerdörfer an der Boddenküste liegt im flachen Südteil der Insel Hiddensee. Seine Häuserzeilen wurden auf die einst vom Meer aufgeschütteten Strandwälle gegründet, die bis zum Schaproder Bodden reichen. Unmittelbar nördlich des Dorfes sind die sandigen Strandwälle mit Heidekraut bewachsen. Dazwischen liegen sumpfige Senken.

Bessine und Bug
Dieses Luftbild mit Blick aus Höhe Dornbusch nach Osten zeigt drei besonders markante Sandhaken – den Alten Bessin (unten) und den gegenwärtig noch wachsenden Neuen Bessin. Beide haben ihre Wurzel am Dornbusch. Darüber liegt der Bug, Rügens größter Sandhaken. Zwischen Neuem Bessin und Bug schiebt sich von links keilförmig der Libben – eine Ostseebucht – gegen den Vitter Bodden. Hinter dem Bug erstrecken sich die reich gegliederten nordrügenschen Binnenbodden.

„Inselblick“
Die fast 18 Kilometer lange, schmale Insel Hiddensee schiebt sich wie ein Deich zwischen Meer und Bodden. Von den ganz im Norden ansteigenden Endmoränenhügeln am Dornbusch reicht die Sicht weit über Inseln, Meer und Bodden.

Auf den folgenden Seiten:

Blick von Rügen nach Hiddensee
Zwischen dem nördlichsten Teil der Insel Hiddensee (oben) mit Dornbusch und Bessin sowie dem von rechts ins Bild ragenden Bug liegt eine der drei noch existierenden Öffnungen der Bodden zum Meer – hier die vom Vitter Bodden zur Bucht des Libben. Wie lange es diese immer stärker versandende Verbindung noch geben wird, bestimmt der Mensch mit seinen Baggern. Die Halbinsel im Vordergrund gehört zu Westrügen und endet links am Steinort. Blickrichtung Nordwest.

Nordrügensche Bodden

Die Schaabe
Im eleganten Bogen schwingt sich die größte Nehrung der Insel Rügen von Wittow (vorn) nach Jasmund (hinten links). Dieses eindrucksvolle Bauwerk des Meeres verbindet die beiden Inselkerne und trennt die Tromper Wiek mit ihrem breiten Sandstrand vom Großen Jasmunder Bodden mit seinen schilfbestandenen Ufern.
Vorn rechts Breege, hinten rechts Boddenufer bei Lietzow, dahinter Südost-Rügen – Blickrichtung Südost.

Boddenufer an Inselkern und Nehrung
Hinter den verschilften Ufern des Großen Jasmunder Boddens mit Mittel-See und Spycker See (links angeschnitten) steigen die verschneiten Hügel der Halbinsel Jasmund auf mehr als 100 Meter Höhe an. Die eingedeichte Niederung vorn gehört noch zur Schaabe. Rechts Polchow; am Rande der Hügel Bobbin – Blickrichtung Ost.

Frühling im Jungfernholz
Lerchensporn und Buschwindröschen blühen dort, wo früher Ostseewellen gegen das Ufer schlugen – der Hang ist das fossile Kliff, davor liegt der einstige Strand. Hier am Boddenufer der Halbinsel Liddow wird der natürliche Wandel und die Schutzbedürftigkeit dieser einmaligen Landschaft besonders deutlich.

Auf den folgenden Seiten:

Wintergäste am Großen Jasmunder Bodden
Auf dem Randeis des Boddens vor Lietzow haben sich tausende Enten und zahlreiche Schwäne gesammelt – meist Wintergäste aus Skandinavien. Solange der Bodden nicht völlig zufriert, finden sie hier ausreichend Nahrung.

Der Kleine Jasmunder Bodden
Bewaldete Endmoränenhügel schieben sich als Halbinseln in jenen stillen Bodden, der nur noch durch eine Schleuse im künstlich aufgeschütteten Damm bei Lietzow mit dem Großen Jasmunder Bodden verbunden ist.
Vorn Lubkow; große Halbinsel: Buhlitz, darüber rechts Thiessow, links Pulitz; im Hintergrund rechts Jasmund mit Lietzow – Blickrichtung Nordwest.

Vielgestaltige Boddenküste
Flaches Ufer mit Schilfgürtel und Sandstrand, bewaldetes Steilufer, aktives Kliff mit vorgelagertem Geschiebeblockstrand – das alles zeigt dieses herbstliche Bild auf engstem Raum.
Am Großen Jasmunder Bodden bei Lietzow.

Zauber der Boddenlandschaft
Jahreszeiten, Witterung und Lichtstimmungen beeinflussen unsere Eindrücke von Landschaften. So fasziniert auch die Boddenküste nicht jeden Gast beim ersten Besuch und auf den ersten Blick. Wer sie – so wie hier – von ihrer schönsten Seite erleben möchte, sollte wiederkommen und geduldig sein.
Sonnenaufgang über dem Kleinen Jasmunder Bodden vor Lietzow.

Informationen für Besucher der Boddenküste

Wanderwege am Boddenufer (Auswahl)
- von Wustrow über Ahrenshoop, Born, Wiek und Bliesenrade nach Prerow
- von Klausdorf nach Barhöft
- von Lauterbach über Groß Stresow, Neu Reddevitz und Seedorf nach Baabe
- am Großen Jasmunder Bodden von Polchow über Lietzow nach Ralswiek

Aussichtspunkte auf die Bodden
- Kirchturm in Wustrow
- Turm der Marienkirche in Stralsund
- Dornbusch auf Hiddensee
- Grümbke-Turm auf Hoch Hilgor bei Neuenkirchen
- Tempelberg bei Bobbin
- Ernst-Moritz-Arndt-Turm auf dem Rugard bei Bergen
- Turm des Jagdschlosses Granitz
- Bakenberg bei Groß Zicker auf Mönchgut

Rundflüge über die Boddenlandschaft
- von Barth und Güttin (Rügen)

Schiffstouren über die Bodden
- von Ribnitz-Damgarten: Boddenrundfahrt
- von Prerow durch den Prerowstrom in den Bodstedter Bodden
- von Zingst nach Hiddensee
- Linienverkehr von Stralsund und von Schaprode nach Hiddensee
- von Lauterbach und vom Baaber Bollwerk: Boddenrundfahrten
- von Greifswald-Wieck nach Lauterbach

Seglerhäfen an den Bodden
- Ribnitz
- Wustrow
- Prerow
- Zingst
- Barth
- Vitte/Hiddensee
- Schapprode
- Stralsund
- Stahlbrode
- Lauterbach
- Seedorf
- Gager
- Greifswald/Wieck

Campingplätze nahe der Boddenufer
- Born
- Zingst
- Suhrendorf (Ummanz)
- Schaprode
- Altefähr
- Banzelvitz
- Lobbe
- Thießow
- Lubmin
- Stahlbrode

Museen mit Bezug zur Boddenküste
- Darß-Museum, Prerow
- Heimatmuseum Zingst
- Museum der Insel Hiddensee, Kloster
- Deutsches Museum für Meereskunde und Fischerei, Stralsund
- Mönchguter Heimatmuseum, Göhren
- Museum der Stadt Greifswald

Informationszentren der Nationalparkämter
- in Born und Wiek
- an der Sundischen Wiese
- in Barhöft
- in Middelhagen

Beobachtungspunkte zum Kranichzug
- Zingst-Pramort
- Kinnbackenhagen (nordwestlich Stralsund)
- Zarrenzin (nordwestlich Stralsund)
- Tankow (Ummanz)
- Streu (Westrügen)

Gastgeberverzeichnisse

Regionaler Fremdenverkehrsverband
Fischland/Darß/Zingst
Klosterstraße 21
18374 Zingst
Tel./Fax 038232/232

Fremdenverkehrsverband Rügen e.V.
August Bebel-Straße 12
18592 Sellin
Tel. 038303/1470
Fax 038303/334

Fremdenverkehrsverband Vorpommern e.V.
Fischstraße 14
17489 Greifswald
Tel. 03834/2759
Fax 03834/899256

Wanderkarten für die Boddenküste

Nordland-Wander- u. Freizeitkarte
Deutsche Ostseeküste
- Blatt 5 Fischland, Darß, Zingst
- Blatt 6 Rügen mit Hiddensee
- Blatt 7 Usedom mit Haffküste